番匠 克久

日高線の記憶

Memory
of the
Hidaka Line

富川〜日高門別 | Tomikawa - Hidakamonbetsu

北海道新聞社

節婦～新冠 | Seppu - Niikappu

節婦～新冠｜Seppu - Niikappu

節婦〜新冠｜Seppu - Niikappu

判官館の伝説

<ruby>判<rt>はん</rt>官<rt>がん</rt>館<rt>だて</rt></ruby>

新冠にはその昔、源義経（判官）が奥州平泉で自害せず、津軽海峡を渡って蝦夷地（北海道）
日高までやってきたという伝説が残る。この地でも判官様として親しまれた。いにしえを
たどるロマンが、この太平洋にせり出した大きな岩のある判官館には眠っている。

節婦〜新冠｜Seppu - Niikappu

追憶の日高路
MEMORY OF THE HIDAKA LINE

苫小牧～様似
（廃止区間：鵡川～様似間〈116km〉）

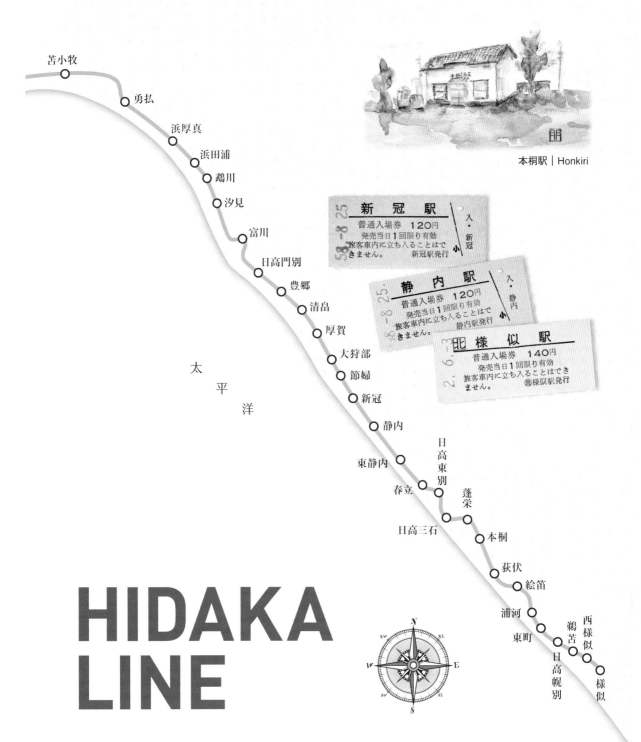

本桐駅｜Honkiri

新冠駅
普通入場券　120円
発売当日1回限り有効
旅客車内に立ち入ることはで
きません。　新冠駅発行
入・新冠
58-8.25

静内駅
普通入場券　120円
発売当日1回限り有効
旅客車内に立ち入ることはで
きません。　静内駅発行
入・静内
-8.25

様似駅
普通入場券　140円
発売当日1回限り有効
旅客車内に立ち入ることはでき
ません。　㊞様似駅発行
2.6.23

苫小牧
勇払
浜厚真
浜田浦
鵡川
汐見
富川
日高門別
豊郷
清畠
厚賀
大狩部
節婦
新冠
静内
東静内
春立
日高東別
蓬栄
日高三石
本桐
荻伏
絵笛
浦河
東町
日高幌別
西様似
鵜苫
様似

太平洋

HIDAKA
LINE

N
NW NE
W E
SW SE
S

12

西様似駅｜Nishisamani

　のどかな牧場や青く輝く海を車窓から眺め、時には窓を開放し、爽やかな風に吹かれて旅するのがローカル線の楽しみ方である。日本の美しい風景を眺めながら移動が楽しめる路線が、また一つ無くなる。本線の名に相応しく全長146.5キロあり、その内約8割の116キロが廃線ということになる。

　日高本線の沿線の見どころは、何といってもサラブレッドの里を通り、牧場の間を縫うように走っていくところであろう。次の魅力は太平洋の海岸沿いと河口に架かる長い鉄橋だろう。日高山脈から太平洋に流れ込む河川が多く、河口側を走る日高線には鉄橋がいくつも架かっていた。昆布干し場の脇を走り抜けるところもある。116キロもあるため、この他にも山間を走る区間や、春の桜から積雪期の雪原まで、バラエティに富んだ風景が、終着様似まで見られる。

静内駅｜Shizunai

日高線の歴史
HISTORY OF THE HIDAKA LINE

西暦	和暦	月日	出来事
1892年	明治25年	8月1日	苫小牧駅が北海道炭礦鉄道の駅として開業する
1909年	明治42年	6月	三井物産が王子製紙苫小牧工場で使用する木材を輸送するため、苫小牧〜鵡川間に専用馬車軌道を敷設する
1910年	明治43年	9月	王子製紙苫小牧工場が操業を開始する
1911年	明治44年	5月29日	三井物産の馬車軌道が王子製紙との共同経営になる
		12月	動力が馬車から蒸気機関車に変更。専用鉄道が佐瑠太（現富川）まで延伸する
1912年	大正元年	8月15日	苫小牧〜佐瑠太間の専用鉄道が三井物産から王子製紙に譲渡される
1913年	大正2年	7月3日	王子製紙が苫小牧軽便鉄道株式会社を設立する
		10月1日	苫小牧〜佐瑠太間に苫小牧軽便鉄道が開業。勇払駅、厚真（現浜厚真）駅、鵡川駅、佐瑠太（現富川）駅が開業する
1923年	大正12年	3月12日	日高拓殖鉄道株式会社が設立される
1924年	大正13年	9月6日	日高拓殖鉄道の佐瑠太〜厚賀間が開業する。門別（現日高門別）駅、波恵（現豊郷）駅、慶能舞（現清畠）駅、厚賀駅が開業する
1925年	大正14年	2月10日	門別駅が日高門別駅に改称される
		11月15日	厚真駅が浜厚真駅に改称される
1926年	大正15年	12月7日	日高拓殖鉄道の厚賀〜静内間が延伸開業し、節婦駅、高江（現新冠）駅、静内駅が開業する
1927年	昭和2年	8月1日	苫小牧軽便鉄道（苫小牧〜佐瑠太間）、日高拓殖鉄道（佐瑠太〜静内間）を旧鉄道省が買収して国有化
			苫小牧〜静内間が日高線となる
			浜厚真駅の読み方が「はまあづま」から「はまあつま」になる
1929年	昭和4年	11月26日	苫小牧〜佐瑠太間の軌間を762ミリから1067ミリにする改軌工事が完了、新線による営業が開始する
1931年	昭和6年	11月10日	佐瑠太〜静内間の軌間を762ミリから1067ミリにする改軌工事が完了する
1933年	昭和8年	12月15日	静内〜日高三石間が延伸、東静内駅、春立駅、日高三石駅が開業する
1935年	昭和10年	10月24日	日高三石〜浦河間が延伸、本桐駅、荻伏駅、浦河駅が開業する
1937年	昭和12年	8月10日	日高幌別駅、鵜苫駅、西様似駅、様似駅が開業する。浦河〜様似間が延伸開業し、全線が開通
			日高線苫小牧〜様似間の所要時間は直通の客貨混合列車で約5時間、1日4往復の運行となった
1943年	昭和18年	11月1日	苫小牧〜様似間が日高本線に改称
1944年	昭和19年	4月1日	佐瑠太駅が富川駅、波恵駅が豊郷駅、慶能舞駅が清畠駅に改称
1948年	昭和23年	8月1日	高江駅が新冠駅に改称する
1958年	昭和33年	7月15日	大狩部駅、日高東別駅、蓬栄駅、絵笛駅が開業する
1959年	昭和34年	6月7日	札幌〜様似間で準急「えりも」が運転を開始する
		12月18日	浜田浦駅、汐見駅が開業する
1960年	昭和35年	4月22日	札幌〜様似間で準急「日高」が運転を開始する
1966年	昭和41年	3月5日	準急「えりも」「日高」が急行に格上げになる
		6月1日	「日高」が「えりも」に統合される
1974年	昭和49年	2月9日	SLさよなら運転が実施される
1977年	昭和52年	9月1日	東町仮乗降場が開業する
1982年	昭和57年	3月21日	浦河沖地震が発生し、静内〜様似間が不通となる
		12月15日	静内〜様似間の貨物営業が廃止になる
1984年	昭和59年	2月1日	苫小牧〜静内間の貨物営業が廃止になる
1986年	昭和61年	11月1日	急行「えりも」が廃止になる
1987年	昭和62年	4月1日	国鉄分割民営化に伴い、JR北海道が全線を承継。東町仮乗降場が駅に格上げになる
1988年	昭和63年	11月3日	キハ130形気動車が運転を開始する
1989年	平成元年	7月1日	一部列車でワンマン運転を開始する
		8月	フイハップ浜（臨）駅が開業する
1990年	平成2年	7月1日	全列車でワンマン運転を開始する
1991年	平成3年	7月20日	静内海水浴場（臨）駅が開業する
1992年	平成4年	8月24日	静内海水浴場（臨）駅が廃止される
1993年	平成5年	9月24日	フイハップ浜（臨）駅が廃止される
1998年	平成10年	7月	千歳〜様似間（後に札幌〜様似間）で臨時快速「優駿浪漫」が運転される
1999年	平成11年	7月	鵡川〜静内間で「日高ポニー号」が運転を開始する
2001年	平成13年	6月17日	鵡川〜静内間で「日高ポニー号」が運転を終了する。すべてのキハ130形気動車の運用を終える
2001年	平成13年	12月27日	苫小牧〜静内間で臨時列車「ホリデー日高」が運転される
2004年	平成16年	12月14日	ＤＭＶ（デュアル・モード・ビークル）の走行実験を開始する
2015年	平成27年	1月8日	厚賀駅〜大狩部駅間で高波により路盤の土砂が流出し、鵡川駅〜様似駅間が不通となる
2020年	令和2年	10月27日	JR北海道と沿線7町が2021年4月1日に鵡川駅〜様似駅間の廃止に最終合意
2021年	令和3年	4月1日	廃線（鵡川〜様似間）

浦河町立郷土博物館提供 新冠町郷土資料館提供

新ひだか町博物館提供

不通区間の様子

日高線全駅データ

	駅 名	読 み	自治体	駅間距離	起点から	開 業
1	苫小牧駅	とまこまい	苫小牧市	0	0	1892年(明治25年)8月1日
2	勇払駅	ゆうふつ		13.1	13.1	1913年(大正2年)10月1日
3	浜厚真駅	はまあつま	厚真町	9.6	22.7	1913年(大正2年)10月1日
4	浜田浦駅	はまうら		4.3	27	1959年(昭和34年)12月18日
5	鵡川駅	むかわ	むかわ町	3.5	30.5	1913年(大正2年)10月1日
6	汐見駅	しおみ		4	34.5	1959年(昭和34年)12月18日
7	(臨)フイハップ浜駅(廃止)	ふいはっぷはま				1989年(平成元年)年8月
8	富川駅	とみかわ		9.1	43.6	1913年(大正2年)10月1日
9	日高門別駅	ひだかもんべつ	日高町	7.7	51.3	1924年(大正13年)9月6日
10	豊郷駅	とよさと		5	56.3	1924年(大正13年)9月6日
11	清畠駅	きよはた		4.8	61.1	1924年(大正13年)9月6日
12	厚賀駅	あつが		4.5	65.6	1924年(大正13年)9月6日
13	大狩部駅	おおかりべ		5.5	71.1	1958年(昭和33年)7月15日
14	節婦駅	せっぷ	新冠町	2	73.1	1926年(大正15年)12月7日
15	新冠駅	にいかっぷ		4.1	77.2	1926年(大正15年)12月7日
16	静内駅	しずない		4.9	82.1	1926年(大正15年)12月7日
17	(臨)静内海水浴場駅(廃止)	しずないかいすいよくじょう				1991年(平成3年)7月20日
18	東静内駅	ひがししずない		8.8	90.9	1933年(昭和8年)12月15日
19	春立駅	はるたち	新ひだか町	6.1	97	1933年(昭和8年)12月15日
20	日高東別駅	ひだかとうべつ		2.4	99.4	1958年(昭和33年)7月15日
21	日高三石駅	ひだかみついし		6.4	105.8	1933年(昭和8年)12月15日
22	蓬栄駅	ほうえい		4	109.8	1958年(昭和33年)7月15日
23	本桐駅	ほんきり		3.2	113	1935年(昭和10年)10月24日
24	荻伏駅	おぎふし		7.2	120.2	1935年(昭和10年)10月24日
25	絵笛駅	えふえ	浦河町	4.9	125.1	1958年(昭和33年)7月15日
26	浦河駅	うらかわ		5.2	130.3	1935年(昭和10年)10月24日
27	東町駅	ひがしちょう		2.1	132.4	1977年(昭和52年)9月1日
28	日高幌別駅	ひだかほろべつ		4.5	136.9	1937年(昭和12年)8月10日
29	鵜苫駅	うとま		4.2	141.1	1937年(昭和12年)8月10日
30	西様似駅	にしさまに	様似町	2.5	143.6	1937年(昭和12年)8月10日
31	様似駅	さまに		2.9	146.5	1937年(昭和12年)8月10日

ここから始まる、日高への旅路

苫小牧から146.5km

苫小牧 | Tomakomai

　「次は苫小牧に停まります。乗り換えのご案内を致します。様似方面、日高本線鵡川行きは、向かい側のホーム1番線から発車します。」鵡川から先は災害により代行バスとなっていたが、幾度となくこの案内をした。

　1度だけ、私が車掌を務める「特急すずらん」に静内の祖母が乗り、苫小牧から日高線に乗り換えて帰っていったことがある。苫小牧駅で指差確認して発車、1人

ホームに降り立った祖母が、列車が見えなくなるまで車掌の私に手を振ってくれていた。私は小さく手を振り返し「気を付けて帰ってね」と心の中でそう呟いた。
（札幌市 Haru）

勇払〜浜厚真 | Yūfutsu - Hamaatsuma

浜田浦 | Hamataura

勇払 | Yūfutsu

勇払〜浜厚真 | Yūfutsu - Hamaatsuma

汐見〜富川 | Shiomi - Tomikawa

鵡川 | Mukawa

厚賀 | Atsuga

清畠 | Kiyohata

大狩部 | Ōkaribe

大狩部

海に近い駅はいくつかあるが、大狩部が一番秘境感がある。
国道をくぐるトンネルを抜けると、突然駅に出て、その向こう
に大海原が拡がる。
泉ピン子主演のテレビドラマ「女囚～塀の中の女たち」のロケ
でも使われたというこの海べりの駅、海風が吹き込むトンネ
ルをくぐる時のワクワク感が何とも言えない。

大狩部 | Ōkaribe

大狩部｜Ōkaribe

日高海岸を行く

厚賀から先、新冠までは主に海岸沿いを走り、いい景色が見られる。厚賀の先にある長い鉄橋は河口に位置していることから、海側に乗車すると、あたかも海に架かる橋のような錯覚が起きる。それから先も列車から海が近く、荒波の日は列車に波しぶきがかかりそうになるくらい。この区間の乗車では、窓一杯に海が覗き、晴れた日は爽快だ。海に近いだけに災害に見舞われることの多い区間であったが、普段は太平洋の広い海と広い空、気持ちの良い景色をたくさん見せてくれた。

厚賀～大狩部 | Atsuga - Ōkaribe

日常の風景

　新冠の町から節婦側に長い鉄橋があり、私の家では汽車が通るたび、いつも「ガタンゴトン」と鉄橋を渡る音が聞こえていた。線路の脇には牧場があり、たくさんの馬が放牧されていた。鉄橋を渡る「ガタンゴトン」の音。そして汽車が馬たちの脇を走り去っていく。それが私の住む町、新冠の日常風景であった。

　小学2年生の時、近所の友達4人と初めて子供たちだけで汽車に乗るという大冒険をした。と言っても当時まだ駅員さんのいた新冠から静内まで、1駅だけの乗車である。さながら映画「スタンドバイミー」のような大冒険であったが、新冠に帰ってくるまで何となく緊張していたのか、4人とも無口になっていたことを思い出す。

　幼少の頃から育った家は新冠駅の近くにあり、汽車は身近な存在だった。気さくな運転士さんが運転室の機器の説明をしてくれたこともある。たまに4両編成の長い列車がくると、「わぁ～！」と思ったものだ。日高線の廃線は残念だけれども、これも時代の流れ。お疲れ様、そしてありがとう。（新冠町 Naka）

厚賀～大狩部 | Atsuga - Ōkaribe

節婦〜新冠 | Seppu - Niikappu

結納の日

　22歳まで兵庫県西宮市で同居していた長男が、就職で北海道に渡り、以降30年以上関西に戻らず、時には寂しい思いをした。26歳の時、静内（新ひだか町）の建設会社経営者の次女と婚約することになり、1991年（平成3年）9月22日、結納を持参する運びとなった。私たち夫婦は前日、西宮から当時釧路に住んでいた長男の元へ飛行機で行き、3人で結納品を持ち、列車で静内へと向かった。長男は車で行こうかと提案したが、そこは重要な行事、公共交通で確実に到着する必要があ

ると説明し、列車で向かうことになった。釧路からは長編成の特急列車、南千歳から苫小牧までは通勤型の電車に乗り、苫小牧からは1両だけの日高本線の普通列車だった。確か8時間くらい掛かったと思うが、汽車旅もいいものだ。トコトコと車輪の音を聞きながら景色を眺め、ディーゼルの匂いから、電車ではなくローカルな汽車に乗っていると実感する。苫小牧から暫く走ると、広々した勇払原野を抜け、海岸沿いを走っていき、窓を開けると太平洋の潮風が気持ちよく吹き込

んでくる。山側にはサラブレッドが放牧され、本州には無いいい景色だった。84歳になった今はもうこのような長旅は体力的に出来ない。

　静内駅に近づくと、ホームの端にスーツ姿の男性が1人立っていた。彼女のお父さんが笑顔で出迎えてくれたことを今でも思い出す。その後無事結納を済ませ、再び列車で釧路へ戻った。以降このご縁で何度か日高本線に乗り、お宅にお邪魔したり、一緒に日高路を観光したりした。終点の様似まで乗り、バスに乗り換え襟裳岬にも2度訪れている。そのお父さんも既に亡くなってしまったが、今でも思い出の中で微笑んでいる。そうそう、静内を出てすぐのところに海水浴場があり、夏場だけ臨時駅が出来ていたのを覚えている。後に聞くと、1991年と1992年の7月、8月の土日だけ開設されていたという。夏場の2年間だけ開設されたまぼろしの「静内海水浴場駅」。日高線廃止24駅に加え、記憶に留めておこうと思う。(西宮市 Katsu)

夏の追懐

　とある初夏の日、ある思いに駆られて、小さな旅に出た。

　厚賀あたりから拡がる太平洋沿岸の景色は素晴らしい。都市部の電車は窓が開かなくなってきているが、日高線の列車は窓が開けられる。日中は乗客も少なく、窓を全開にしても迷惑は掛からない。気持ちの良い潮風に吹かれながら走っていく。静内駅では、老舗にしやの駅そばを。駅員さんまでそばを食べに来ており人気のようだ。

　そういえば風音に混じって車内でラジオの音が聞こえていた。競馬中継である。見ると、競馬新聞を広げて赤鉛筆でチェックしている。これから静内の場外馬券場に行くのだろう。初老の男性は結構真剣な様子。耳に差した鉛筆で何度もチェックを入れている。穏やかな風の音、ガタンゴトンと規則正しくも、時折、ゴトンと不規則な揺れに身を任せていると、ファンファーレが聞こえてきた。変わった組み合わせだが、馬産地で景色の良い日高線であればこれも悪くない。晴れ渡った夏の日の思い出である。(札幌市 Hiro)

節婦〜新冠 | Seppu - Niikappu

厚賀～大狩部 | Atsuga - Ōkaribe

静内

毎年GWの頃には、「静内さくらまつり」にたくさんの観光客が訪れる。幅36メートル（尺貫法で20間）、全長8キロにも及ぶ二十間道路の桜並木は圧巻で、優駿浪漫号などの臨時列車が走ったのもこの時季である。静内駅は新ひだか町の玄関口で、広い駅前からはバスの発着が多くあり、お土産店や線内唯一の駅そばも営業している。

帰省

高校卒業後、静内を離れた私は、それまで日高線の利用はほんの数回程度でした。

縁あって関西で結婚し、子どもが生まれてからは夏と冬の帰省が都会での生活からの息抜きになりました。長女5歳、次女2歳の頃から、合計20回以上にもなる日高線の旅が始まりました。

冬でも夏でも寒い苫小牧駅のホーム。多くの学生と年配者にまぎれなんとか席を確保し一安心したところで出発。小さい子連れは珍しいのか、よくおじいちゃんやおばあちゃんに声を掛けられ、お菓子をもらったり、時にはおこづかいを…なんて懐かしいですね。

長女が小学生になると、ノートに日高線の駅名を書くことが車内の楽しみに。「ここが鵡川だよ。わかったかい！」近くに座るおじいさんが、駅に着くたびに駅名を教えてくれたこともありました。後から娘たちに聞

くと、聞き慣れない北海道弁と大きな声に二人とも圧倒されていたそうです。

冬。天気が荒れると海岸線を走る場所は、太平洋の荒波が容赦なく列車にかかり、時には窓が塩で真っ白になるほど。特に大狩部から節婦にかけては線路や車輪が凍ってしまい大変でした。滑る車輪。なかなか前に進まない列車。だんだんと不安になる娘と私。運転手さんが何度も何度もゆっくりゆっくり発車する。空回り。発車する。空回り。乗客みんなが心の中で応援。ガンバレ。なんとか進みだした！やった！そんな冬が3度ほどあり、日高線の話題になると一番に思い出されます。

今回日高線でのことを思い返し、人の温かさや子供たちの成長など色々なことが思い出され、幸せな気持ちになりました。今までありがとう日高線。お世話になりました。（宝塚市 Kiyo）

いつも「ギュッ」とにぎってくれたおじいちゃんの手 おっきくてあったかい（宝塚市 Momo）

「さみしいよ」

泣き虫の私は、静内から帰る日は毎回のように泣いていた。最後に…といっておじいちゃんとおばあちゃんが握手とハグをしてくれるので、さらにお別れしたくなくなって、涙が溢れる。

「またぜったいにくるからね」

涙をすすりながら乗り込んだ6:05発苫小牧行き。朝陽が射し込む車内で泣き疲れたわたしは、列車の揺れに誘われ寝てしまった。

寝起きでぼんやりしているときに聞こえてきた、駅に到着する際のあのアナウンスの音をよく覚えている。（宝塚市 Itsu）

蛍の光

　1983年（昭和58年）春、静内駅から列車で札幌に向かった。職業柄2~3年ごとに転勤があり何度も転居したが、赴任地にはそれぞれ思い出がある。静内駅には上司、同僚、後輩の他に取引先の方も見送りに来てくれた。静内と言えば、一般的な業種に加えて馬産地ならではの取引先もあり、表面上は荒っぽい印象の人もいたが、心優しい義理堅い人が多かった。その当時に出会った人との交流も僅かながら続いているのも嬉しい。

　転出する時は公共交通で安全に移動するルールになっていたこともあり、静内駅から列車で旅立つのが習わしだった。日高本線の列車は普通列車で窓も開くことから、窓を開放しホームで見送ってくれる人に、列車が出発し見えなくなるまで手を振り続けるのが常だった。駅の方の計らいで蛍の光が流れ、時には涙を誘う。都市部から赴任したときは随分と地方に来てしまったと思ったが、こういう見送られ方は地方ならではの情緒的な出来事であった。（札幌市 Shige）

郵便はがき

0 6 0 8 7 5 1

6 7 2

（受取人）
札幌市中央区大通西3丁目6

北海道新聞社 出版センター

愛読者係
行

お名前	フリガナ

ご住所	〒 □□□-□□□□	都道府県

電話番号	市外局番（　　　　） 　　　　ー	年　齢	職　業

Eメールアドレス	

読書傾向	①山　　②歴史・文化　③社会・教養　④政治・経済 ⑤科学　⑥芸術　⑦建築　⑧紀行　⑨スポーツ　⑩料理 ⑪健康　⑫アウトドア　⑬その他（　　　　　　　　　）

★ご記入いただいた個人情報は、愛読者管理にのみ利用いたします。

　本書をお買い上げくださいましてありがとうございました。内容やデザインなどについてのご感想、ご意見をホームページ「北海道新聞社の本」https://shopping.hokkaido-np.co.jp/book/の本書のレビュー欄にお書き込みください。

　このカードをご利用の場合は、下の欄にご記入のうえ、お送りください。今後の編集資料として活用させていただきます。

〈本書ならびに当社刊行物へのご意見やご希望など〉

■ご感想などを新聞やホームページなどに匿名で掲載させていただいてもよろしいですか。（はい　いいえ）

■この本のおすすめレベルに丸をつけてください。

高（　5　・　4　・　3　・　2　・　1　）低

〈お買い上げの書店名〉

都道府県　　　　　市区町村　　　　　　　　書店

 北海道新聞社の本　　道新の本　検索

お求めは書店、お近くの道新販売所、インターネットでどうぞ。

北海道新聞社 出版センター　〒060-8711 札幌市中央区大通西3丁目6
電話／011-210-5744　FAX／011-232-1630　受付 9:30〜17:30(平日)
E-mail／pubeigyo@hokkaido-np.co.jp

静内〜東静内 | Shizunai - Higashishizunai

静内〜東静内 | Shizunai - Higashishizunai

まだ幼かった私たち兄妹3人は、夏になるとよく父に有勢内の浜に連れて行ってもらった。浜のすぐ横に日高線の線路があり、小さなロクマップ川が海へと流れていた。父は波を怖がる私たちの手を引き、いつも波打ち際まで走り大声で笑った。日高線の朱色の鈍行は、そうしてはしゃぐ父と私たちの横を、いつも通り走り去っていく。今は亡き父との遠い遠い夏の日の思い出。(札幌市 Tomo)

日高東別〜日高三石｜Hidakatōbetsu - Hidakamitsuishi

蓬栄〜本桐｜Hōei - Honkiri

東静内〜春立 | Higashishizunai - Harutachi

　サラブレッドの里を走る風景や海岸沿いの風景は多くのファンが撮影していたが、私はそれに加えて桜の咲く里の風景を精力的に撮影していた。時季は5月の前半であるが、年によって、また気候によって、いつピークになるかは直前まで分からない。昨日咲きかけたと思い翌日が陽気なら、一気に満開になることもある。本州にいたときは一週間近く桜は咲いているものと思っていた。しかし北海道では木の種類が違うのと、季節の移ろいが速いため、3日と花が持たないこともある。北海道の桜は満開を捉えるのが大変難しい。

　まだ冬枯れの景色が残る早春の山里を彩る桜には、儚くも存在感があり、長い冬を乗り越えたご褒美にも思えるのは、私だけではないと思う。牧場の方にお世話になりながら、毎年この時期の撮影を楽しんでいた。

えふえ
サッポロビール

絵笛 | Efue

日高東別〜日高三石｜Hidakatōbetsu - Hidakamitsuishi

日高東別〜日高三石｜Hidakamitsuishi

本桐｜Honkiri

本桐｜Honkiri

本桐
数少ない交換駅本桐。夕刻、通勤通学の人々が帰途につく。
早春は桜が咲き、駅前の花壇もよく手入れがされていた。
住民の足として愛された駅だった。

みついし蓬莱山まつり

蓬莱山は奇岩の山で、三石川を遡った鯨に似た怪物がアイヌ民族の人に殺され、化石になったもの、と言われている。古くから地域の象徴として親しまれ、毎年夏祭りが開催される。日高山脈から流れる三石川の両岸にある雄蓬莱と雌蓬莱の2つの岩山に渡される130メートルのしめ縄は重さ2.4トンもあり、この祭りのシンボルである。その脇を日高線の列車が縫うように走っていく。

日高三石～蓬栄 | Hidakamitsuichi - Hōei

蓬栄〜本桐｜Hōei - Honkiri

日高三石〜蓬栄｜Hidakamitsuishi - Hōei

写真で辿る、日高線の今は昔

古き良き時代へのノスタルジア

節婦〜新冠｜Seppu - Niikappu

日高線を初めて訪れたのは1986年（昭和61年）10月のこと。

当時大阪の大学生だった私は、青森から青函連絡船で津軽海峡を渡り函館に到着、間もなく廃止される富内線（鵡川〜日高町）を撮影するため、苫小牧から鵡川に向けて日高線沿いに車を走らせていた。

その日はとても穏やかな良い天気で、太平洋がキラキラと輝く中を、レール運搬列車が小さな機関車に牽かれ、日高線をコトコト走っていた。始めは偶然出会ったこの珍しい工務列車の撮影だったが、場所を変えて何度か撮影していくうちに、いつの間にか日高線の素晴らしいロケーションに心を奪われてしまった。海岸線を走るだけの単調な路線と思っていたが、こんなにも表情豊かだったのかと、実際に日高路を走ってみて気付かされたのだ。

レール運搬列車の後に、当初予定していた富内線を1往復だけ撮影し、すぐに日高線にとんぼ返りして「急行えりも」や普通列車を夢中で撮影した。そして1日が終わりを告げる。太平洋に大きな太陽がゆっくりと沈み、澄んだ夕空に赤から濃紺の見事なグラデーションが広がっていた。それまでの人生で初めてと言っていいほどの美しい夕暮れだった。時間の関係で列車を絡めての撮影とはならなかったが、またいつの日かこの素晴らしい景色に出会えることを期待し、日高線を後にした。

しかし日高線を訪れたのは、この日が最初で最後となった。だからこそ、この一期一会の日高線越しの夕暮れは、30年以上たった今でも忘れてはいない。

（帯広市 Yui）

大狩部～節婦 | Ōkaribe - Seppu

photo：Yui（帯広市）

厚賀～大狩部 | Atsuga - Ōkaribe

photo：Yui（帯広市）

節婦〜新冠 | Seppu - Niikappu

節婦〜新冠 | Seppu - Niikappu

貨物列車

　昭和30年代、国鉄日高本線には貨物列車が走っていた。

　私が育った春立では、兄が漁師、実家は水産加工場を営んでおり、幼少の頃は家族総出で昆布引きや加工作業の手伝いをしていた。加工場から日高昆布やタラコ、スケソウダラの乾物をリヤカーに載せ、春立駅まで運んだ。今は無人となっている駅にはまだ駅員が配置され、貨物の取り扱いを行っていて、ここから苫小牧を経由して札幌の中央卸売市場まで運んでいった。この頃はトラックより鉄道貨物での輸送がほとんど。今となっては日高線に貨物列車が存在したことを知る人も少なくなっていると思うが、当時は物資の輸送に欠かせない存在であった。

　リヤカーに積んできた水産加工品を駅で引き渡

し、無事に汽車に載せた時には、子供ながらにも一仕事した気持ちになり、ほっとしたものだ。大変だった時代に家族の思いを運び届けてくれた日高線。やはりありがとうと伝えずにはいられない。

（新ひだか町春立 Taka）

節婦～新冠 | Seppu - Niikappu

新冠｜Niikappu

キハユニ251

新冠｜Niikappu

快速優駿浪漫号（札幌〜様似間）の思い出

　2000年（平成12年）頃、国鉄急行色のキハ56が臨時の快速「優駿浪漫号」に連日使用されていた事があった。気動車ローカル列車の旅が好きだった事から、1日散歩きっぷで毎日往復していた。当時、キハ56の引退が迫っていた事と、急行「えりも」の再来だと全国から多くのファンも駆け付けていた。車内は、熱気をおびたファンで賑わい、日常を知る地元の方々は驚いていた様子だった。

　途中の鵡川駅では、交換待ちで十数分の停車時間があり、毎回撮影タイムとなっていたが、ある日ファンの一人が乗務員にお願いし前面の幕を「快速」から一時的に「急行」に変え、急行列車を再現してもらった事があった。急行型気動車独特のエンジン音をBGMに太平洋を望む極上の車窓は、本当に幸せなひと時。あの音も風景も二度と味わうことが出来ないなんて…。今を大切にしようと改めて思わせる、そんな素晴らしい路線だった。（札幌市 Kei）

汐見〜富川 | Shiomi - Tomikawa

photo：Maru（江別市）

photo：江別市 （Maru）

様似 | Samani

節婦〜新冠 | Seppu - Niikappu

富川〜日高門別 | Tomikawa - Hidakamonbetsu

キハ130形のころ

1988年（昭和63年）から2001年（平成13年）まで、日高線にはキハ130形が走っていた。これは車体長の短い軽量形気動車で、車体の薄い鋼板が災いし、海岸沿いの塩害が激しく耐寒設備も不十分であった。結果、14年ほどで役割を終え不運な運命を辿った。その後を受け継いだのは、最後まで走ったキハ40形である。

雨の中を、風の中を、雪の中を、ひたすらに走り抜けました

今日も牧場のサラブレッドの親子の影が、くっついたり離れたり。
どの若駒にも平等にチャンスは巡る、ガンバレ明日のチャンピオンたち！

絵笛〜浦河｜Efue - Urakawa

絵笛｜Efue

春立～日高東別 | Harutachi - Hidakatōbetsu

荻伏～絵笛 | Ogifushi - Efue

荻伏～絵笛 | Ogifushi - Efue

荻伏～絵笛 | Ogifushi - Efue

牧場の朝は早いんだ。
ボクたちは広々としたまきばで、のんびりと一日を過ごす。
そして夕方、いつもの時間に遠くから「ガタンゴトン」と音が聞こえ、
鈍行列車が通り過ぎたら、それがボクたちの帰る合図なんだ。

さあみんな
おうちへ帰ろう

荻伏〜絵笛 | Ogifushi - Efue

荻伏〜絵笛｜Ogifushi - Efue

20歳のころ、リュックひとつで浦河町の絵笛駅で下車、駅周辺で半日過ごしたことを思い出す。周りの牧場を含め、佐藤浩市主演のテレビドラマ「天国への階段」のロケで使われたことのあるこの無人駅、地名からとった駅名の響きが心地良かった（鉄道旅を好む人はこんな動機でも駅が好きになったりする）。そして、何といってもサラブレッドの牧場の真ん中にポツンと駅が佇んでいることが魅力。下車しても牧場以外何もない。馬を眺めて過ごすくらいしかなく、商店もなくトイ

レもない。それでも掘っ立て小屋のような駅待合室には駅ノートもあり、わざわざ訪れる人が後を絶たない。

私は列車が来るまでの間、遠くからかすかに聞こえる馬の鳴き声を耳に、待合室で昼寝をする。何とも幸せな時間だ。ほどなく来た列車に乗り絵笛を後にした。まきばの真ん中にある「絵笛駅」。なくなるのはやはり寂しい。

絵笛～浦河｜Efue - Urakawa

荻伏～絵笛｜Ogifushi - Efue

　浦河駅は日高振興局のある浦河町を代表する駅であ
りながら、日中の利用客が少なく朝夕の混雑時以外は
無人化していた。

　私が当時通っていた浦河高校は列車通学が多かった
が、高校最寄は隣の東町駅で浦河駅から浦高生の利
用者はそれほど多くはなかった。そんな駅からいつも
は見かけることのない同級生が列車に乗っていく姿を
見かけると、妙に気になったものだ。「どこへいくのだ
ろう、誰と会うのだろう」。普段教室ではさほど気にも
かけない異性の同級生が、放課後になると別の雰囲気
に変わるのが気になる年頃だったのだろう。この駅舎
を見るたびにそんな昔のことを思い出す。
（札幌市 Shun）

浦河 | Urakawa

東町〜日高幌別｜Higashicho - Hidakahorobetsu

　毎朝、高校生を乗せて列車が到着するのを高校の先生が数名待っている。

　怖い生徒指導部の先生たちだったが、生徒たちを気持ちよく迎えるため、毎日掃除をしてくれていた。そんな姿を毎日見ていた生徒の一部が、帰りの列車を待つ間に駅舎を掃除するようになった。それが何故か荒っぽい奴らが多かったが偉いと思った。

　この小さな東町の駅舎で帰りの列車を待つ時間は、その日の学校の出来事を語らう憩いの場でもあったし、時にはいざこざの現場にもなった。近所に住む強面の漁師に一喝されたことも幾度かあった。卒業して浦河から離れた後も、旧友と会うとこの駅での思い出話に花が咲く。小さな駅舎に詰まった思い出は数えきれない。(札幌市 Shun)

東町〜日高幌別｜Higashicho - Hidakahorobetsu

鵜苫 | Utoma

鵜苫｜Utoma

日高線の終着「様似」

えりも岬への玄関口

様似 | Samani

様似 | Samani

様似 | Samani

様似 | Samani

様似 | Samani

アポイの火まつり

　様似町の自然豊かなアポイ岳に由来する言い伝えを再現している夏祭り。山頂の祭壇で天を焦がさんばかりに火を焚き鹿の豊猟をカムイに祈ったという言い伝えがもとになっている。アポイ山麓での厳粛な採火式に始まり、多彩なイベントが祭りを盛り上げる。ステージは様似駅のすぐ横にあり、列車に乗って来場する人も多かった。

JR日高線の終着駅「様似駅」を想う

　2015年（平成27年）1月、土砂崩れで不通となった「JR日高線」鵡川〜様似間を走っていた列車代行バス（ジェイ・アール北海道バス株式会社）の乗務員さんの宿となっていたのが、私共の駅前民宿でした。宿の目の前には「様似駅」があり、ここ様似駅から出発していくバスを見送り、帰ってくるバスを迎え続けて6年になろうとしています。

　私はこの様似駅にひかれるものがあります。それは漢字ではなくあえてひらがなで書かれた一枚板の趣のある立派な駅名板「さまに」です。この看板を見ていると宿の女将をしている私の言う「おもてなし」とも重なりホッとします。お客様をお迎えする時の「いらっしゃいませ」「おつかれ様」「ようこそ」「さあ〜さあ〜どうぞ」、お客様をお見送りする時の「ありがとうございました」「またどうぞ」などの挨拶と同じくこの看板も、様似を訪れた旅人達に声掛けしている様に思えてならないです。

　そしてもうひとつ、日高線には2つの「音」がありま

す。それは、駅を出発すると間もなく渡る鉄橋の上で奏でられるオルゴールの様な音と、もう一つはその後に続きトンネルを抜けて走る時の低くて重くてにぶい音です。この2つの音が真逆で面白く今も耳に残っています。

　「JR日高線」の廃線が決まり、心の中には「やっぱり復旧は無理だったのかな」とやり切れない気持ちが湧いてきます。だからこそ、このひらがなの駅名板に込められている優しさと、目をつぶるとよみがえる列車の音が、かけがえのないものとなっています。これらをいつまでも大切な思い出にしたいと思います。

（様似町Kumi）

様似 | Samani

様似 | Samani

道内各地を撮影していると、日高山脈とサラブレッドがデザインされた青い日高色の車輌が走っているのを見かけた。石勝線、千歳線、室蘭本線、すでに廃線となった夕張支線でも。その度に日高路を颯爽と走っていた頃の姿を思い出し、何とも感慨深い思いにかられていた。

　もう走ることのない最終列車。最終運転のアナウンス。各駅で撮影する多くの鉄道ファンや駅員が列車を見送る姿。「ありがとう」の横断幕が掲げられることもない。時はどんどん経過していき、日高線の記憶も徐々に遠のいてしまうものだと思う。でも確かにここに暮らしていた人の足となり、地域を支えてくれた。かつてあった日高線の鉄道風景を、皆様と一緒に心の中の記憶に残していきたいと思う。いつまでも。

すっかり窓の外は暗くなり、
家も樹々も山並みも、みんな影絵となり
心地よいスピードで駆けてゆきます。
ゴトン、ゴトン‥
正確にリズムを刻む夜汽車の車内で、
母が剥いてくれた林檎を食べながら、
僕は図書室で読んだ宮沢賢治の
「銀河鉄道の夜」を思い出していた。

走る夜汽車から見上げた星空に、
車内で編み物をする母が映り込み、
写真の多重露光のように星粒に囲まれていました。
車内のぬくもり、車窓の水滴、ディーゼルの匂い、
夜、汽車に乗るたび、その時の母を思い出し、
椅子の背にもたれながら、ひとり微笑んでいます。
…僕だけの遠い遠い汽憶。（絵本作家 Seigo）